文學叢刊

劉明蓁著

心情，偶有陣雨

文史哲出版社印行

文化建設委員會贊助出版

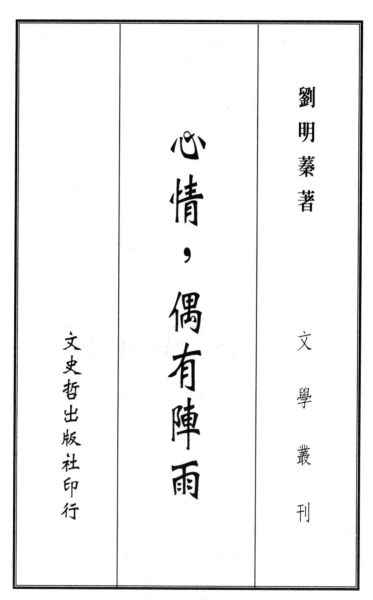

國家圖書館出版品預行編目資料

心情，偶有陣雨 / 劉明蓁著. -- 初版. -- 臺北市：文史哲, 民 94

頁： 公分. --（文學叢刊；179）

ISBN 957-549-641-8 (平裝)

848.6　　94023330

文學叢刊 179

心情，偶有陣雨

著　者：劉　明　蓁

出版者：文史哲出版社

http://www.lapen.com.tw

登記證字號：行政院新聞局版臺業字五三三七號

發行人：彭　正　雄

發行所：文史哲出版社

印刷者：文史哲出版社

臺北市羅斯福路一段七十二巷四號

郵政劃撥帳號：一六一八〇一七五

電話886-2-23511028・傳真886-2-23965656

實價新臺幣二〇〇元

中華民國九十四年（2005）十二月初版

ISBN 957-549-641-8

心情，偶有陣雨

目 錄

心情，偶有陣雨　6

輯一〈序〉

邁向光燦的文學之旅

落蒂

首先恭喜劉明蓁在眾多角逐者中脫穎而出獲得九十四年度青年文學獎。基本上，她的作品屬於十分自我的，愛情的追求之得與失的心情變動刻劃。

本來詩就是表達作者某一個時期的感受，例如楊牧就在他的《北斗行》後記中說：「通過詩的方式，我能夠表達自己——我自己的意志，心懷，和欲願——詩是展翅探看的青鳥，我麾下忠實的斥堠，詩是我藉以完成自我的工具之一。」

所以，年輕的劉明蓁用詩來完成她對愛情的渴望與探索，是十分合宜的。她年輕善感的心靈，對愛情有什麼樣的看法呢？

在年輕的時候，愛就像霧一樣
也許不久，或者很久
積累，纏綿，然後
消失

——素描愛情

有人形容愛情像貓的腳步，輕輕的，在不知不覺中來了；劉明蓁則形容愛情像霧一樣，都是很好的意象語之運用。

年輕人是多愁善感的，尤其對愛情。楊牧就在他的頭一本詩集《水之湄》後記中如此說：「我以為詩是一種感情的言語，而詩人最大的快慰應該是：當他為一顆星，一片雲寫詩的時候，那顆星，那片雲了解他的言語；當他為一個人寫詩的時候，那人了解他的言語。」劉明蓁在〈愛情賭徒〉中如此說：

一不小心就撞上了你
沒有驚喜也沒有躲避
就像是生命中的一場牌局

以打牌、賭徒來形容愛情，十分清新有味。詩已經快要沒有讀者了，詩人不只要抓住愛情，讓那個人了解你的語言，更要抓住讀者，讓妳的詩直達讀者的心。

前面我們提到劉明蓁以霧來像徵愛情，是很好的意象語，其實西方意象派詩人龐德早就在他的《漢詩譯卷》中盛讚：「中國詩人從不直接說出他的看法，而是通過意象表現一切，人們才不辭繁難的迻譯中國詩。」以下我就集中焦點，專談劉明蓁詩中意象語的使用。

你如江山篤定的風姿
我是綠水一宿的過客
曾經江南的愛恨情愁
已挑斷琴弦，不復吟唱

——紅樓夢醒

其中形容風姿篤定如江山，人生過客如綠水一宿，愛恨情愁如江南，不復吟唱如斷弦，均是很好的意象語，使讀者在閱讀中產生十分豐富的聯想。這就是孔子說的：「書不盡言，言不盡意，聖人立象以盡意。」

看哪！火花
像一朵朵盛開的傘
眾人的歡呼欲將你擊碎
所有的詩句迷失在高樓的叢林

——流星雨

其中的火花、傘，高樓叢林，使作者的意象，在讀者面前表達得更具體。所以晉時王弼也在他的《周易事略．明象》中說：「夫象者，出意者也。言者，明象者也。盡意莫若象。意生於象，故可尋象以觀意。意以象盡，象以言著。」年輕的劉明蓁僅以意象的塑造使用，即可見其作技巧圓熟於一斑。

今後劉明蓁應在詩意的清新超脫，避免流俗化上下功夫。有些情感的表達太過庸俗，宜說出一些新東西。某些人云亦云的東西儘量避免，要注意詩的原創性。如此假以時日，持續努力，可以使自己的文學之路，走得更光燦。

回首來時路（自序）

網路縮短了人與人之間的距離，卻也充滿太多不可預期的化學作用。對於文字殊榮，我始終是個幸運兒。2002 年底，出書的夢想正要起飛，一場冷酷、無情的網路毀謗，我陷入了生命低潮。

像要解開達文西密碼般的，不知所措！我的名字被惡意的盜用投稿，女人的名節，一夕之間，在各大文學網站被極盡的羞辱，身邊相關的電話被張貼在色情網站；甚至不斷的恐嚇電子郵件湧入。

在初期的混亂過後，原本預定新書發表的行程，我選擇到刑事局製作筆錄；感謝偵九隊的抽絲剝繭，即使來路不明的郵件、亦或歹徒刻意躲藏的網咖，都找到了寶貴線索。

經歷七個多月的人情冷暖，我的內心谷底，就像災後的九二一；每每憶起怵目驚心的片段，對於身邊人事物的險惡交錯，雜陳在心。

輾轉得知「他」的家庭，日子過得很拮据，反而覺得自己像是討不到糖吃就愛耍賴的小孩？同樣有著純樸勤儉的父母，又於心何忍像刺蝟一樣的傷害？我相信每個生命基因，潛意識裡都住著魔鬼與天使，只能努力說服自己：在理性和感性中，選擇了原諒，撤回告訴。

要說一個人是好人或壞人，我不想評論。事發至今，不曾提及「那個人」的名字。

事件過後，我對「投稿」這件事，刻意保持著距離，不想看見任何擾亂人心的慾望，我選擇遮住耳朵，逃避著思緒的困擾，任何的一切，與我何干，也不想明白。

文字對我仍有著莫名的吸引力，不停地書寫，生活忙碌又充實。只是，我的心開始與孤獨並肩前行，那漸漸淡去的是出書的熱情吧！

雖然至今，我仍不懂，兩個來自不同背景，從來沒有交會的靈魂，為何要如此的殘忍對待？

在峰迴路轉中，終於知道；改變，是怎麼一回事。因為視野的不同，我發現遺憾，也是一種成長。

沒有計畫的偶遇，是驚喜，即使不曾得到，亦無從惋惜；對我來說，創作只是部份，自在的生活才是全部，對於曾經傷害我的人，只能學著感謝。

深深相信，每個人生關卡，都是一段成長的烙印，一直不停的 reset 自己，對於變數洗煉許多。

『本來無一物，何處惹塵埃』的傷痛，這中間經過了三年；對於創作上的殊榮，我總是迷糊而無法預設的，像是捉迷藏被尋獲的孩子。

感謝「中華民國文藝協會」理事長綠蒂先生，在這幾年來不斷的賞識、鼓勵與提攜。

今天，我的新書終於問世，回首來時路，太多的感動，在此刻還沒消化；是一種知遇之恩的報答，也是，對過去的傷害，一種內心的反擊。

也或許，在危難之中覺醒生命，書海太遼闊，虛浮的評價，終究過盡千帆，開心自在的耕耘，不貪的生活，才是一種幸福吧。

有句話：「生命是罐頭，膽量是開罐器」人生是自己的，沒有人可以給誰答案，也沒有人必須對誰負責。有些事就像好茶的回甘，對於那些曾經傷害你的人，微微一笑吧，人生中可以多一些祝福。

二〇〇五年十月九日

輯二　現代詩集

素描愛情

I

在年輕的時候，愛就像霧一樣
也許不久，或者很久
積累，纏綿，然後
消失

那麼多熟悉的面孔
而你又記住了多少

別問，我們的愛情是否真的來過
畢竟太過年輕，總有一些選擇要作

II

關於誓言
請別說出口，我不想再憂鬱了
那些生與死，愛與恨
別讓夕陽算準時辰沒入海底

III

你說，害怕某些事情發生
不去面對，就會錯過幸福
端詳著悱惻的斷章
淺白的我，不懂
那段艱澀的語彙能辨出哪些味道

一節一節背叛著昨日的信仰
所有的答案，是否
就在你離去的明天

IV

某個時分，影子悄悄消融
把彼此撒到鴿群迷途的城市
在回眸與絕望之間搖擺，你和我
一生只是穿行，沒有頂點

V

我知道要學會告別鄉愁
還得需要很長很長的時日
生命，愛情和塵世

誰能指揮那些上升和下降的風向

VI

失戀
是很多年來簡單重複的過程

曇花一現的愛情
我們的關係已埋在了山崗
細節是如何跳過了沒人知道

我正寫著的詩篇仍是意猶未盡
年復一年被數落的秋涼故事
春天，有些匆忙

2003/04/05

嗨，青春好久不見

多年來，走了這麼多城市
最愛的，還是淡水小鎮

一艘艘漁船進港、遠離
生命的週期，永遠有它不可預測的一面

曾經在乎的爭執、糾結
如今已難詳述，像風箏的情感

翻開日記本，你記起什麼？
吹吹淡水海風，守著落日發呆
哼起少年時，愛唱的「水手」

年輕的感覺，只走過一次
當我們長大，回頭望望天邊
那枚月亮，還在，而你呢？

風好大，夕陽終究落了下來
年歲經歷了，流轉與沉澱
當再次相遇，或聽人提起
嗨，青春好久不見！

像是失了掛錶的愛麗絲
只能用文字細細追憶
屬於我們的，青春紀念冊

於是，淡水小鎮、漁人碼頭
成了你、我緬懷過往的憑弔

還有那盞，當年來不及修復的路燈

2004/09/08

青樓女子

一千年了，恍然回首
我是前世青樓的女子
在烈焰通紅的冷宮
為你款款起舞的妾姬

在府前人潮洶湧的長街
歌台舞榭的歡場情愛
你是寂寞的霸王
醉臥在虞姬的酒肆

掀起帷幔，我的彩衣
不禁意逗留在你多情的眼底

請尾隨我的情弦
在十里煙波為你彈唱
不要貪婪，也不要怨憎
麗水紛生的紅顏不復飛舞
我只是你揮袖下遺留的雲彩

在這黑而無聲的夜裡
誰會在明天吟唱
這段風花雪月的曾經

忽而走來這個小鎮
沽酒的店已車走無音
他們說，這裡曾有
歷史的驚動，昔日的霧都
一位深情的煙花女子
曾在這裡守候奇異的頑石

2003/03/25

愛情賭徒

如果輸贏是一個輪迴的遊戲
從那最開始的開始
卻總也逃不脫命定的結局

一不小心就撞上了你
沒有驚喜也沒有躲避
就像是生命中的一場牌局

是我，不懂你的天空
還是，你讀不懂我
在乎的豈是桌上輸贏
「下好離手啊！」

一路上，有很多人來了，走了
誓言輕得像一枚落葉

愛情也不過是背景
你只是讓我成就情節的過客

所有的所有的，都是道具
在你滾燙的手心
我，只是一顆遺落的棋子

2003/12/15

紅樓夢醒

我在故事的陰影裡走著
醉在茶坊煙捲的紅樓

踩著宋朝的石階
來到斑駁依舊的殘瓦
尋找著筋脈謎離的身世

你如江山篤定的風姿
我是綠水一宿的過客
曾經江南的愛恨情愁
已挑斷琴弦，不復吟唱
樓外已風雪迷狂

前世的胭脂就要凋零
至愛的人啊
為何只是小小一夢
醒來未見中原的馬蹄

千帆過盡的雲彩
我已看盡繁華痴愛
無端的心事，獨鎖紅樓

匆匆夢醒啊，窗前的塵埃
赫然發現一枚你前世的指紋

2003/03/19

城市素描

因為不熟悉這個城市
所以一直醒著

兵分三路的思緒
沿著下水道貫穿其間

一張在美學上無懈可擊的圖騰
滿街都是哲學家的雕像
死去的詩人偶爾嘴角抽搐著
虛脫也瘋狂似地下注

丘比特的教堂沿街販賣
愛情證書

趁著夜與夜之間的邂逅
親愛的！我們結婚吧

因為不熟悉這個城市
所以一直醒著
疲憊的高跟鞋
彷彿遊盪了半個世紀
在天亮之前喬裝成卡門
影子與賭城舞出一場默劇

不同的人種在赤道線上逐潮而來
機率與邏輯藉著威士忌在暗夜釀造
一路漂浮在賭徒的遊樂場
人性的真相呈現
不斷地兌換籌碼，卻也不斷地掐滅煙頭
一句句頹廢的「他媽的……」

記2002.03.16美西之旅，當車從內華達州進入拉斯維加斯街道，盡是五光十色的CASINO點綴了不夜之城，沿街林立閃著霓紅燈光的小教堂；導遊說：只要二十五元美金就可以買到一紙婚姻證書，而且牧師是全年無休7-11。

流星雨

讓我們一起去看煙火
去看那遙不可及的無邊
當璀璨的繁花落盡
我不過才轉了個身
光，便成了倉皇的影子

看哪！火花
像一朵朵盛開的傘
眾人的歡呼卻將你擊碎
所有的詩句迷失在高樓的叢林

其實我們並不知道
火花下成對的身影

心情，偶有陣雨　26

就像一場年輕的流星雨

一直以為天空是屬於我們
彷彿可以掌握，卻又瞬間不見
當年該説的，卻再也説不出口

愛上你、離開你
回頭對自己説
在那年夏天
誰與誰曾經在那場流星雨
見證青春的盛事

2003/03/15

失戀，是為了與你相遇

當廣場顯得寂靜
雁群徐徐飛過
在人世變遷的都市
我們坐著喘息
不斷道別舊版的地圖

黃昏的心情
跌落在兩個不同的城市
相逢是無阻攔的概念
花落到風止，不停地排演
在悲劇的七夕落幕之後
把礁石留在從前與黑夜

離家三千里的風啊
我已確實痊癒
只想用短短的溫柔謝詞
謝謝曾經共同走過的歲月

悲歡離聚是難以界定的季節
在每個長夢將盡時
我如脱胎的玫瑰

道別的遺憾是那麼常見
每個轉折都是苦楚的喜悦

我深深相信啊
遲來的馬蹄
不再是美麗的錯誤

溫情的陽光
終將喚醒沈睡的海岸
失戀，是為了與你相遇

2003/03/19

相見不恨晚

難道是飛盡千山萬水的候鳥
埋下的線索嗎，為什麼
有著和自己身世相符的情節

在這多雨的城市
生命的一季花開難求
不要奢望風景全面的倒退
即使在年輕的夜裡相逢
也或許仍如逆時針的錯過

日子總是如此未知而蒼白
就這樣義無反顧的相愛吧

用生命的餘溫相互取暖

什麼也不用多說
就讓這場心靈的相遇
不著痕跡譜下生命的回音

我們真的誰也不知道
如此的宿醉，是否會錯過黎明
多年而後，也許會有這樣的回顧
這段誰也不許旁聽的秘密
候鳥已忘了遷徙的路徑

而我不哭，依然在月光的廢墟前
深愛過的你，仍是無力抗拒的語言
不要懷疑，這是前世預留的風景

相見恨晚，不再是生命的難題
我從來不曾、不曾如此確定啊
請相信我們的故事
只是隱藏在山巒相疊的峰間
等待穿過所有風雪的可能

儘管外面的世界，依然忙著下雨
當最後一顆星熄滅之前
不定的風向啊，不要
不要輕易的道別離

2003/05/10

他是我的哥哥，悟福法師

一段很難熟悉的語言
外祖父的一句話
無情地雕刻著十字架

春天不是你的童年
大人們的妄想和偏執
是永遠無法破解的咒語

隔著許多歲月
一個很偶然的來到
在這生命的子夜
血濃於水的呼喚
我們互相凝視著

彼此的相同與差異

我站在風裡
簌簌而下的梧桐雨
你如一盞不著墨痕的佛燈
已是三十多年
額角佈滿暮年的慈悲

在變幻人生的河流裡
我看見一頁頁的滄桑

在日子的地平面上
你說著，無喜也無憂
還俗已遠，漂泊復漂泊
妹妹啊！不要悲傷
想著林子裡的山與清幽

塵世間太多的索求讓人失望

一種難以釋懷的惆悵
不知如何置放
沿著晚鐘拾級而下
香客和戀戀絮語
我竟成了你眼底的匆匆過客

走的越遠，心越糾結
只怕一揮手
午夜夢迴，他日相見
已是白髮蒼蒼

後記：

那一夜，來到人聲鼎沸的廟宇祈福，赫然遇見睽違多年的「悟福法師」——He is my brother。

當年迷信的父母，外祖父的一句話：「這個囝仔會剋雙親」即改變了哥哥人生的風向球；如風的小草，自幼即在暮鼓晨鐘的寺院成長，聚少離多、落髮無聲的歲月，彷彿一則凜寒的故事。

2003/05/10

初夜

可愛的甜心
讓我為你褪去霞冠
悄悄地靠近，不要慌張
為你橫寫最美的臥姿

你如鮮紅的果子嬌羞
讓我來製作初夜的蠟燭

看！春天已成熟
這動人的炸裂
果核擊拍著你雪白的胴體

在春來的第一秒鐘

今夜我的品嚐
你將更美

2003/12/06 源於一顆蘋果的聯想

朋友，一路順風

在生命崩落之前
那天，妳笑笑的說
等我回來
回來一起分享這趟最後的飛行

下午，天地瞬間倒覆
地平線把一架飛機扯下
報導說妳累了，跌進了水裡
卻怎麼不肯再見一面

媒體發完稿子，攝影機議論著失事
我看見有人的行囊掉出了名片
葉瓣似的散落，為何沒有妳的隻字片語

是為了尋訪更遠的路程嗎
在毫無預警下搭了開往天國的航班
於三萬五千英呎的高空
傾刻間悄悄失去了頻率

這是萬里無雲的日子
整個下午卻遽痛地打撈
人們手足無措的哀傷
在這現實的灘頭，妳在哪裡
向生命繳械嗎？

笑聲仍在我的耳際擴散
風吹落了妳夢想的裙襬
大海的深藍
已成了妳那永不褪色的洋裝

半夢半醒我聽到遠方的海岸
有一女子急切的呼喚
呼喚著說，海水很冷

空間靜止著，我遲遲
遲遲止住積蓄很久的淚水
望著這隱約起伏的波浪
能否摺疊一艘艘紙船，給妳

朋友，一路順風

2002/05/25　悼，華航空難的空姐摯友

大海的女兒

五月二十五日
停格的畫面
妳走了

他們說妳走得無憂無慮
還是忍不住一再回想
許是迷了路

無論妳在哪裡
我顫抖的心可以確定
那條繡滿深藍的地毯
是妳止歇的歸處

回溯，已成風的捕手
能不能把思念
裝入透明的罐子
穿過記憶
說給海洋聽

記得嗎？岸上去年的六月
我們坐在現實與海洋的長堤
嘶吼、奔跑、嘻笑

倏地，波浪的耳語
好像有什麼在滴漏著
一段似錨下沉的青春
在淒寂的風中
在島嶼的邊緣
妳剔透的雙眸迅速隱去

久久，沈睡中的公主始終沒有醒來
哀傷被禁止喧嘩
只有幾隻失眠的寄居蟹
在無星無月的沙灘裡
逐行逐列的檢視與等待
等待，昨夜漂洗過後的消息
一如，我始終確信
……
妳會前來

2002/05/25　悼，華航空難的空姐摯友

寫給雲端上的妳

昨天我們來到這裏，看見一些
值得記憶的事，卻來不及道別

妳的髮，像烏黑濃密的雲
妳的手，像一支盡責的細簪
赤裸的雙腳間，踏浪而來
藍天下，微風緩緩地吹著
我們開始親密地說話

前面依然是那片美麗的風景
不懂的是，遇見久違的聲音
為什麼天空還是陰沉

渡輪已遠去，攝影機在忙著對焦
對於這個世界，只覺得荒唐

年輕的歌謠，在軌道上沉落
妳輕輕地揮手，帶走了淚眼朦朧的季節

在淡然一笑中想起昨夜的相遇
恍如夢中啊，這情景

這一年來，妳去了哪裡？

偶爾仰望天空，想像著妳搭乘最後的航班
是否正在一盞燈下，或者坐在
一面鏡子中，是不是有可能
妳仍存在這個世界
而我卻找不到妳

塔台總是亮著疲倦的燈
奔走的日子永遠沒有盡頭
妳在天空裡飛翔，我在做海邊的夢

思念，日復一日在深海中寂靜地存在
曾經多麼熱烈的語句，一切霎時寂靜
我知道今天再見不到妳了

也許，也許只能在某個孤獨的晚上

我們不期而遇……

2003/06/04 悼，二〇〇二年 525 華航空難的摯友

妳現在過得好嗎？

自妳走後，總是習慣讓心情躲在後面
習慣看看天上有沒有斷線的風箏飄過

許是因為在心底最脆弱的時候
想起那些曾經闖進生命中的情緒
在遠方的妳，還記得嗎？
那些輕狂、放縱的年少
我們有太多的瞬間需要記憶

夏日已來臨，風很輕，天很藍
卻不見昨日的波浪與風帆
我像沙漠裡，一顆悲傷的樹

風車還是不停地轉啊轉
空氣中，依稀迴盪著妳說過的話
偶然間，粒粒塵沙飛進了我的眼裡
是妳嗎？

許多花未開，許多人還未回來
始終相信一定會有某些東西
沉澱在物換星移的往事裡

只是，一直弄不明白
那年飛行之後，不同於流浪的宿命和孤獨
現在的妳，有關心的人在身邊嗎
是否也有那樣寬廣的天空
當年的夢想，依然在出發的地方等妳

多少個日子，悲抑著思念的流沙
卻怎麼再也無法讓天空放晴
我們像迷路似地走丟了自己

命運輕緩地，讓風帶走了妳
湛藍的水線，一點兒線索也沒有
寧靜得彷彿從沒有事情發生

像在兩條平行的風景線上
妳如遠航的孤舟
我靜靜守候在航線的一側
於每一個清晨，每一個午夜

2004/05/25　悼，二〇〇二年華航空難的摯友

二十歲的青春絕唱

我們要快一些趕路
這一片樹林就要亮了

不管前方晴空萬里或陰雲密布
一起看大地的風景，一起追尋落日彩霞
我們剛滿二十歲，這樣的夢想

一個行刑的夜晚
躲也躲不過的埋伏
生命的全貌尚未展開
一團青春的火焰如風飄過

陽光跟在身後，升起又緩緩落下

把我們的故事，做了無情的剪輯
歲月的傷，它的千瘡百孔
還有什麼結局能給一個答案
誰知我們異口同聲的吶喊
海有多深有多冷
故鄉，隔山隔水
隔著許多的城市
母親還在那棵老榕樹下等著歸人
漂泊啊，勇敢的漂泊
只為了給家鄉圓一個夢
當天空又消失了航班

彷佛一隻驚弓之鳥
太陽累了，就要睡了
二十歲的青春絕唱
縱身一躍
身後深邃的海洋，幽幽地說
賣身葬花，並不切合我們對未來的設想

2003/08/31　寫給近日偷渡事件中六朵早逝的玫瑰

月亮忘記了

我是半個月亮的孩子
一群被詛咒的幼苗
掛在看不見傷痕的樹上

雲牽著藍天交頭接耳
你看你看
燙傷的臉頰
我是半個月亮的孩子

給我一隻筆多畫個翅膀
是否就可飛到神話的海洋
給我一隻筆多畫個耳朵
是否就可聽到夢中的故事

貧瘠的脊髓催促著肌肉
不停地收縮又收縮

我是半個月亮的孩子
期待快快地長大
而時間總是謊報了歲月

明天是湊不齊的樂團
月亮總是忘記我的等待
是誰搬走了長高的階梯
孤寂的籃框，把夢想
拉成天涯

黃昏的背後沾滿泥濘的陽光
日子是沒有悲喜的音階

我畏畏縮縮地待哺
爸爸依舊靜靜地抽菸

誰可以幫我畫張臉
不畏懼強光，也不怕極熱
讓童年的夢騎著掃帚飛翔

2003/03/25　訪長庚兒童醫院有感而賦

活出生命的色彩

一隻隻斷翅的蝶
在生命的峭壁中翻飛

以流利的線條，於殘存的階梯上
勾勒著海水正藍的色彩

假如有一天你也不免凋零
陪我觀看畫展的人也都老去
風雨後的城市啊，還可以留下什麼

其實，從後退的地平線上
沒有太多可以停駐的風景
在天地和世界之間

你是視窗，一幅永遠不朽的巨擘

2004/03/24　寫給一群與生命搏鬥的口足畫家

想你的夜

親愛的，睡了嗎

貪戀，像個小孩般的耍賴
數著相思的紅豆，串成十四詩行
向離夢最近的地方飛去

當月亮緊緊貼於窗的一隅
乘著水銀做的小船
我掏出了針線，一針一針
穿過十八歲時，流離失所的愛情
穿過紅燈路口和灰色的群樓

悄悄地，在誰也不留意的時候

思念，在空氣裏跳起了探戈
在秘密地圖的東南一隅
我會想你的，永遠。
就像你想我一樣

2004/01/08

時 間

一張歲月的臉
彎成美麗的弧度

從地球的角落趕來
彷佛起了毛球的山城
歷史無序，美麗和老
褪成記憶的光點

風越吹越遠
以一種不變的姿態
飄浮的塵埃漸沈
我終將回到城裡

日子依然循序的等待受孕
對著想像的窗户
迎面而來的老嫗
我看見了自己的一生
鬆脫的最後一顆門牙

來到山城，彷彿生命的遷徙
也許這是最後一次年輕
從未感覺如此貼近蒼老啊
我忽然明白，時間的另一種模樣

2004/04/12 夜遊九份有感

今晚去哪裡

夜在城市的邊緣散落開來
晚風在夕暮街燈下起舞
而我還在途中，思索著
今晚去哪裡

無方向的月
沒入市聲人群中
所有的澎湃都已退潮
我尋著路口的樹影等你
長街小巷遠遠近近
卻不見你回頭
兩個不同的夢想
要如何才能不再流浪

我想逃離夜色的跟蹤
把你的影子滲入
寂寞的小酒館
買醉

今晚去哪裡
在時空的間隙
去確認愛情，或
尋找一杯烈酒的餘溫

2004/09/28

風　箏

不問風的行蹤
不問雲的盡頭
飛吧，在這城市與海洋之間

二個影子踮著腳尖奔跑
所謂青春，不過一根煙的時間
當我們攬著線歡笑追逐著天空
卻忘記距離已越拉越長

一陣錯雷，大汗淋漓的雨絲
彷彿一群酒徒狂動不安
不再飛翔的夢想

忘歸的孩童沿著河堤
等待誰來送一把傘

誰說這段相遇注定要被遺忘
全在那斷了風箏時成形
為何一顆心啊，仍在
高空中
……
盤旋

2003/03/30

噓！別說

我如一株長在懸崖的蕨草
你是一片蠻橫的山林
在極光盡頭的地方相遇

抖動的風聲，一池的寒水
早已示意這是無可逃離的宿命

聽！落葉翩翩的叫喚
與石子隱約的呼喊
糾纏跌落在這荒煙蔓草間

雲啊，不要在風中茫然四顧
能不能讓曠野掩入胸懷

已經無法抽絲剝繭的思緒
不想刻意迴避這個主題

噓！什麼都別說
即使只能垂釣一些晚霞
就這樣靜靜地讓我們的愛情
變成不朽的標本

無論星光升起忽又消隱
且讓我們轉身急奔
那密葉遮蔽的舟中
靜臥聆聽甜蜜的牧笛
為我們吹奏的語言
哪怕明日蛻下的
僅是一隻含淚的蝶

噓！什麼都別說

2003/12/18

遠方的沙漠

時間翻過世界的屋脊
想寄張卡片給你
卻不小心走進暗巷

穿過那些曾在夢中相遇的人
那間陳舊的老旅館
叨叨絮絮著法老王的傳說

想寄張卡片給你，思念的空氣
把我遠遠拋回四千多年前的歷史
神秘的古王國，被蒼蠅吮吸乾癟的人們
不安卻昂奮的揣測旅宿的驛人
我的臉被撕成一張張奇異的拼圖

穿著不同的衣服和說著不同的語言
溫度如高空的火舌，吉普賽的因子
在這不斷的遷徙、相遇
又在陌生的狂沙裡別離

關於異地的風景，想寄張卡片給你
天色未沈，我卻逐漸失去了重心
在一條條回家的路上
所有的群眾，怎麼匆匆隱入暮色
遙遠啊，沈睡中的尼羅河
你在夢裡乘了幾次渡船

2004/01/05

愛情販賣機

偶爾藉口
在情慾中流浪
彷彿7-11缺貨已久的商品
寂寞像迷路的地鼠
男人和女人急速補貨
愛情是不可觸及的夢
天亮之後如同過期的食品
不該存有太多想像
「再見」可以說的很輕盈
流動的路口，視覺的迷惑

店員努力推銷著持久的玩具
男人在著火的房子裡
鼓起亢奮的升旗典禮

騷熱過後，曾經垂涎的目光
不再眷戀影子的形蹤
密封在玻璃瓶底的女人
顯然有一點累
水泥森林裡的臉譜
溢著落寞的歡愉與滿足

不合剪裁的日子
用身體的語言生存
我們的罪名是
垂釣歡場情愛和一場場宿醉
在陷落的時間裡歸零

醒來，又跌坐在開始營業的大廳

2003/11/25

青春詩篇

Ⅰ・消息

還來得及説聲再見嗎？
很長時間沒有火車經過了
為什麼整個下午
世界是如此的安靜

Ⅱ・相遇

命運，從不諱言自己的蒼老
一路上模擬著幸福
怎樣的詩句，才能討好你呢

Ⅲ・寂寞

在那個我偶爾才去的 7-11

啓動按鈕，一個人的晚餐正在微波著
……
其實，每樣商品都很寂寞

IV・曾經

彷彿，深秋裡一輛火車向北開
誰也抵擋不了被風化的青春
那年揮手之後，是不是還記得
那本我們讀過的書頁裡
曾經深藏了一朵早凋的花瓣
就像我們早逝的愛情

2003/03/15

幸福專賣店

不經意想起「紐約的秋天」場景
隔著玻璃看著週末的魚群

路邊的廣告寂寞地眨著眼
如果你覺得累，請到這裡歇一會
來一杯奶昔，遇見100%的純真
輕輕攪拌透明的淺黃液體
彷彿可以把傷心、困惑全部搖散

歡迎來到幸福的新鮮烘培屋
溫室內的營養基，單看哪些豆子
最適合烘焙此刻的心情與溫度

培根蛋加土司，平凡溫暖
義大利麵、甜甜圈，簡單而滿足
在無垠的 Heineken 裡
啜飲我與你共舞的繽紛

18 度 C 的御飯團，速食的味覺
那種「愛你九週半」的激情
是得不到我關愛的眼神

就像伏特加，在飆價的凜冬是無法保暖
要不，來一小片熱烘烘的蛋糕
配上 Caffe Latte
建構一個混融咖啡與戀愛的世界

假日的午夜市場，開始有了 7-11 的佈景
我看見一隻隻蝴蝶路過

不斷試著把窗外的街名對位到地圖裡
就像是在搜尋引擎鍵入 keyword
可以輕易的從地圖上的每個符號
找出相對應的段落；每當我想念誰
慢慢沈澱的愛情就在時光的隙縫中滯留

在秋天適合散步的季節和你相遇
用十年前的月光，沖泡青春期的咖啡
幸福的新鮮烘培屋，淋上午後的雷陣雨
CH. MARGAUX－1992 在空氣中發酵

愛情要保鮮，火候要細膩
那些多種變化口味的食物
你最愛的是哪種？

必然有著某種相似的符碼

綜合香料的濃郁和作祟的香精

一杯青蘋果之戀，等一個陌生人
彷彿童話中的灰姑娘，暗暗許了願
一隻神奇魔法棒，吸足了熱情的海綿
所有的故事，就從這裡開始
……
幸福專賣店

2003/09/08

輯三 關於一段逝去的愛

愛·收不到訊號

Dear

幸福，不一定常相左右？曾經這樣以為。

上帝安排我與你相遇，卻又是如此的聚少離多；因為愛你，我得學習假裝獨立；其實，內心很脆弱、很不安、也很沒自信，卻又不得不以最好的外表來面對生活。

女人需要關心與被在乎，想要也有溫柔的撫觸，那不僅僅只是身體的緊密結合，而是心心相印的踏實。然而，忘了從什麼時候開始，我遺失了這份相屬相守的感覺。

等待的時候總比開心的時候多，戲如人生，還是人生如戲？上下左右的猜測，捉摸不定。

遠距離的戀情與忙碌，只能，藉著光纖所架構的思念，３％的短暫傾訴、９７％的寂寞，下線之後，卻壓抑不了狂洩不止的淚水，不知這場戲，我演得好嗎？

分隔兩地，愛情的真實面貌是什麼？為什麼我漸漸接收不到你的訊號……。

2005/02/15

很想不想你

Dear

常有人問我單身的生活快樂嗎？通常我都微笑不答。

有時一個人，難免感到有點寂寞，卻説不出來為什麼心情會這樣空空的。

分手，是走回原點，或者重新出發呢？我已經辨別不清。

心中仍會有所掛念，但已經，無法接近。

那個時候，我們都不知道時間的街口有許多的曲折；曾幾何時，表面上瀟灑地説著：有緣就會長久。

徘徊在分手與不分手之間，你選擇前往了上海，而我也來到這座寂寞的城市。

坦白說，我不是很喜歡人多的地方，只想單純點，人不需要活的這麼累；如果，時空「回到蠻荒」，沒有網路，是否，生活會簡單一點？

一切都開始走樣，八個多月的考驗，第三者在意料中出現；收到你的Mail，我哭了。

嗨：

妳過得好嗎？

來到這裡，好想妳。

妳呢？可曾懷念我們在一起的時光？

當初我們究竟為什麼會分開呢？
是世事太滄桑，還是我們倆不夠堅定？
（像是下了場暴雨，我們的愛情，在雨夜，宣告結束。）
（你的心，是一座龐大寂靜的森林，我始終走不進去。）

記得嗎？妳曾說過，即使不是戀人，也可以是很好的朋友，三月中我要和一個湖南的女孩結婚了。

雖然結局仍是分離，不過，這輩子妳是我最深愛的女孩，一輩子不會忘記……

當年，你不也曾信誓旦旦地說過，不會愛上大陸女子，不喜歡她們的市儈與文化背景的隔閡？

而如今，男人冒險犯難的心，還是會被美麗的蝶衣給征服。

這一刻，我敲著鍵盤，心很痛很痛。分手半年多了，該悵然？還是淡然？

我很想不想你，但週遭的事物像惡作劇般地不斷提醒，你的東西沒有帶走，我以為你還會再回來，這時我的內心，卻深深的被撞擊著；也終於明白，一切都回不去了！相愛的二人不一定適合長相思。

愛情故事裡總是聽到誰離開誰，難道沒什麼人值得留戀？是情深緣淺，還是我自己的努力不夠？

別說什麼，相傳兩個摯愛的人，今生若不能相聚，來世定能重逢？過去四年的感情啊……我迷惘了。

不再相信，距離可以產生美麗，2000的冬天，你住進了我的心裡，遲了好久好久，理解了被愛的感覺；我沒變，你也沒變，變得是我們離開幸福的原點好遠好遠，我像一隻受傷的候鳥。

都説心如止水是一種意境，只能用沈默代替心中波濤洶湧的情緒，因為，我明白一切早已過去。

今日的天氣，雨仍是一直下，並沒有停。

2005/03/02

矛盾

Dear

其實跟你在一起的這幾年，偶爾會覺得自己並不是很愛你，總是對你不滿、對彼此個性差異上的不滿、對愛不滿。

過去的爭執裡，我們的愛與背叛……曾經狠狠地彼此傷害。然而；許是習慣了你的模式，無論外面的世界看似很精彩，心中的世界很無奈；總是沒有人可以取代你的位子。

這麼多年來，你成就了事業，渴望有一個家；而我，自私的卻什麼也不能給你，相愛容易相處難，當時我們都明白，分開對彼此都好。

是我親手寫下這樣矛盾的結局，幾次豁達地希望你能再與別的女人交往，雖然前一秒的我是很遲疑的。然而，我何德何能啊，你始終仔細的選擇，深怕你會傷害到我。

是不是，每個人都曾經有過與我相同的心情，在寂寞的路上等待，等待另一個人的出現，緣份是存在的，只是從未好好把握。

剎那間，就像堅強盟友投奔到敵軍，此情可待成追憶，只是當時已惘然。

情緣如風，我不過是個心情過多、閱歷過少的女子。

這幾天，所有視覺、嗅覺、味覺，不斷擱淺……只能感覺得到事實已逐漸的形成。

而我，只能留在原地哭泣。

2005/03/04

單飛

Dear

在我眼裡，男人外表其實不是那麼重要，也不是什麼權力或不動產有多少。我欣賞你的自信，再加上內涵與整齊的穿著，還有一顆無私的愛心。

這兩天在打包著你的東西，蝕心的痛，我的眼眶陣陣酸楚。

白天，像個旋轉不停的陀螺在工作中麻痺；下了班的我，瞬間聾了、啞了，想撥電話給朋友，卻想起她們責備的臉，也絲毫沒有玩樂的心情。

愛人很難嗎？它的確是。我不再年少，也失去了那份激情。更沒有勇氣隨便找個男人來填補空洞，說到底，似乎是我的個性造就了我的寂寞。

靈魂像在異度空間裡遊走，睡不著的夜，再幾個天亮之後，我們的距離就更遠了。

以前，只要我一哭，你便手足無措；你是世界上最了解我的人，也是從不對我説謊的人，就像我專屬的便利商店，會在我有任何問題時陪在身邊。

而如今，我只剩下孤單的軀殼，一直一直地停留在這個死寂的小鎮裡；原來，再怎麼美麗的景緻也難逃如此宿命。

空間換了、想念的人也變了，是我太清醒，還是你醉了：

我不知道。我愛你，放手真的好辛苦，雖然可能對彼此都好。

2005/03/07

祝你幸福

Dear

過去的戀情，我不逃避、不迴避，也不會瞻前顧後；浪費生命的無謂事情我不會做。

世界再小，夢想再大；最終，我們還是回到最初。

其實，心裡明明白白惦記一個人，也是一種幸福。

畢竟我們都會老去，當多年而後，想起你，我會微笑、會心安、會感到平靜。

即使，我無法豁達地割捨，將這一切全獻給你未來的妻子。

捨不得你擔心，我會努力找尋讓自己好過一點的藉口。放過自己，也祝福你「王子跟公主從此過著幸福快樂的日子」你像我的家人一樣，你的幸福我比誰都高興。

有所捨，才能有所得，放的下從前，才能握的住未來……再見了，我心裡的那隻小鹿。

2005/03/12

寫給自己

I

彼此清楚的，這場愛情的賭盤上，我想我們不是真的想贏，離開了棋局，誰又真有那種下台的勇氣？

II

「好好的哭吧。沒關係的，事情就是這樣。」就像高山上的雪融之後，也不過與溪中巨石在一瞬間錯身而過；依然是在愛情裡落單的女子，沒有未來，只有現在。

III

因為孤獨所以書寫，還是因為書寫所以孤獨？文字，一直是治療心傷的良藥，檢視這段日子所寫的心情，彷佛相同的命運臉譜。而真實的我卻仍身陷其中？

IV

已經踏上路的盡頭了，曾經說好要陪我走過的，如今，心裡的牆已破了個缺口，那些未完成的？少了你溫柔的雙手，我做不到。

V

習慣性的寫悲劇，天知道，我是無可救藥的浪漫自由派；拼了命地談戀愛，分手、再次戀愛。

愛與被愛，也許只是習慣，可能是習慣，希望也只是習慣。

2005/03/22

輯四　一起去旅行

《旅遊日記》印度

來到印度最特別的體驗，就是滿街的蝌蚪文，以及如旅遊書所說，回教國家，清一色都是黑黝黝的男生，長長的睫毛，深邃的眼眸透露著神秘的氣息。

從小到大，我沒有特別的宗教信仰，當踏上這條朝聖之路，彷彿曾聽過的故事、神話般的所有情節，真實地呈現在我眼前。

天堂與地獄同時並存的國家，正符合我血液裡冒險因子與期待，落腳了九天，好像處在一顆被遺忘的星球。

印度街道，幾乎沒有紅綠燈，所有人都用喇叭在開車，客車頂上亦坐滿人或牲畜；灰塵多到看不見路，路旁常見的動物屍體早已不足為奇。

恆河與當地人相依為命了千百年，也是露天的洗衣場，一個令人印象深刻的地方。幾十個上身赤膊的壯丁，不斷對著衣服用力甩打，劈哩啪啦的聲音此起彼落。

還有那個縮在角落逗蛇的吹笛人，我揣想著該是可蘭經的音符……或許該說是命運交響曲吧。

難忘的印度美食、五顏六色的香料店以及形狀特別的麵包，無法忘懷的仍是僻巷中現煮的香濃椰奶，約略台幣一元的記憶。

騎象渡河與穿越泥沼、搭乘夜鋪火車的無線上網、試穿印度婦女的傳統服飾沙麗，並買回印度神油，再把它分裝到小瓶子送給親朋好友，可說是難得有趣的體驗。

導遊說，印度神油最早不是用在男歡女愛的事情上，是一些清心修煉的信徒，會將神油抹在全身，這樣一來會對修煉的功力有提昇的幫助，但是到後來，也不知為什麼竟成了男女之事的聖品，愛用者，以台灣男士居冠呢。

除了當地的奇風異俗之外，可憐的人們實在太多，滿街的乞丐與黏人的小販「給或不給」總是天人交戰著內心。

所謂「生活無一不是禪」印度的人、事、物，放眼所見，讓人幻想到儉樸、安貧的幸福，美得讓人落淚，美得震人心魄，美得簡單純淨。彷佛就此遠離煩惱和妄念，似乎來到這裡，放下雜念之後，就不容易犯戒。

當我揮別這塊土地，來到機場，瞬間感覺好像一個時代的消逝以及自己的微不足道。

在生命的旅程中飄流，透過鏡頭，探索世界；運用文字，去重新體驗曾經有的感動。

感謝上帝、感謝阿拉、感謝聖母瑪利亞……。

2004/10/28

《旅遊日記》豔遇還是厭遇？

很多朋友問我：關於旅行，單身女子的豔遇？

在印度，我也看到了天堂，一個來自孟買具有皇室血統的富商鉅子。

在新德里下榻的酒店，遇見了他，幾次用盡各種明示，只要願意，再約個時間拜訪新德里，不僅提供機票、住宿，還要帶我拜見他的父母，甚至坦白地說已離了婚、目前獨居的事實通通兜給了我這位東方女子。

為了表明真心，大方地邀請了同團友人，一起到他的別館做客，頓時受寵若驚的心情，我在夢與現實的換日線中，踩著朵朵白雲。

當富麗堂皇的宮殿出現在我眼前，那是一座琥珀色建築，２０多個房間內皆有著完全不同的格調與擺設，初次領略著帝王般的享受，實在很難想像這種皇宮貴族的生活如此奢華，似乎也宣告印度子民貧富之間的懸殊，這究竟是怎樣的一個世界？印度的種性制度帶給百姓的影響是如此的悲情。

置身在紗夢皇宮，很特別的一頓晚餐，豪華至極且濃厚的印度風；而窗外沿路的小帳棚住滿了遊民，除了遮風避雨外裡面什麼都沒有。天與地的差別！

人在異鄉的孤單是致命的春藥，幾次差點被眼前這位深情款款的大男孩給迷惑，不自覺地想起歷史上的溫莎公爵。對！就是那個不愛江山愛美人的男人。

當灰姑娘遇到王子，還來不及對未來充滿期待，心中的理智問著自己，這是搭訕還是在找一夜情？也突然想到回教國家的女人很可憐，從小到大，必須小心翼翼地將自己包裹只剩下臉和手，除了老公之外，誰也不能看到她真正的面貌。

剎那間，對這樣來得突然又濃烈的偶遇，感動有餘，心動不足，而這個男人也始終弄不懂我是來自 Taiwan 或 Thailand？

老實說，大部分女人心裡，多少對旅行中的艷遇懷有幻想。然而，有可能一夜風流艷事，也可能演變成「致命的吸引力」。

豔遇或是厭遇？都是一體兩面，曾在一本書裡讀到：在巴黎，如你答應和一個陌生男人喝咖啡，等於同意和他上床。

旅行中發生的戀愛，或長或短，或激情，或平淡。我都不鼓勵周遭好友期待發生這樣的機率，有人因旅行而結識了真命天子，但可別被浪漫的迷湯沖昏了頭。

女人，自己的生命之姿，上床的自主權很重要！與其說豔遇，不如說廣結善緣吧，和當地人做朋友也是一件非常快樂的事。

年紀越大，放膽飛翔的心情越複雜；再見了！India～啦瑪斯嗲 Forever，我想我一定會再回來拜訪這裡，繼續發掘更多感動。

忽然想起一首老歌：【Take me home，country road】

Country roads take me home,
to the place I belong West Virginia,
Mountain Mama, take me home, country road
I hear her voice in the morning hours she calls me
The radio reminds me of my hometown far away……

流浪，隨遇而安；卻不隨波逐流。

註：「啦瑪斯嗲」即祝福、平安、問候之意

2004/10/31

《旅遊日記》土耳其風情

土耳其橫跨歐亞兩洲，自古就有歐亞橋樑之稱，悠遊於第一大城伊斯坦堡，千百年繁華薈萃的古城，不管是優雅、古樸或是今日的貧落，隨時都有著無窮的寶藏等待發掘。

崎嶇不平的石板路和蜿蜒窄小的巷子，保有歐洲特有的人文風情；而處處高聳的拜喚塔卻又在這座城市形成獨特神秘的天際線。

走在十七世紀的小鎮，當地居民深受歐洲影響，生活相當進步。聽導遊說伊斯坦堡人大多不願搭乘公共運輸設備，所以此城市的交通實在比台北還混亂，不論白天、晚上都是擁塞，令人驚訝的是，在這個伊斯蘭教的國度裡竟還能發現不少女性的駕駛人。

當地的人們，最令人難忘不已的就是熱情、友善及好客，通常不會說英文，或微笑或手勢就可以和他們「哈拉」一陣子，隨處可見一群群的土國男子，在放眼所及的陰涼處，喝著蘋果茶、抽著水煙，悠閒的聊天。

街道上，有的小女孩被盛裝打扮，宛如小公主一般，許多穿著高級紗麗的婦女，不但擁有比其他伊斯蘭教國家更高的參政權，甚至還曾經出現過女總理呢！

每個站在店前或餐廳外招攬生意的男人都是語言高手，遠遠就對你喊：「Where are you from, my friend?」「kon-ni-ji-wa？」「Korea？Hong Kong？」「Thailand？」總是這樣的重複。當我回答「Taiwan」他們多數搖搖頭表示不知道台灣在哪？

打從一下飛機，放眼看去的路人，不是俊男就是美女，長久以來人種混血的結果，讓土耳其人擁有各色人種的特色，他們的美，絕不遜色於好萊塢的影星。土耳其是單身女子豔遇的天堂，當地男人的陽光與健談似乎是一種天性，他們可以閒聊不到二分鐘，立刻轉頭跟朋友介紹，我是他最好的朋友，而我和同學二人，飄逸的長髮，幸運的成為當地人的最愛，在這十天當中，我們大概把這輩子的艷福都享光了！

所到之處，好客又想做生意的土耳其人不斷地上前搭訕，無論男女，接著就是一連串熱情的邀約，一起喝杯土耳其「沙沙咖啡」或熱情地奉上蘋果茶，讓我深刻感受到這地方人民的可愛。

土耳其旅遊的樂趣在於接連不斷的驚喜，尤其是你記憶深處的東西可能會在某一處被喚醒，抽水煙、土耳其浴、肚皮舞孃秀，體驗當地人的生活情趣。甚至就連喝杯土耳其咖啡都能占卜您的未來，前所未見的新鮮接觸；就如同一千零一夜裡說不盡的故事。

每到一個觀光景點，就有小孩子拿著一疊明信片到我們面前兜售：[one dollar、one dollar!]偶爾也會用土耳其幣跟你換比較有價值的錢（像美金、英鎊..之類的）在這裡我遇見一群不是很富裕的小女孩，她們非常興奮的看著我並不停的黏著我；還請我吃當地的零食，不僅如此，還要她們的父母和我打招呼。這也就算了，還央求我到她們家做客用餐，這……這真是太令人感動了。

當地有句諺語：『喝你一杯土耳其咖啡，記你友誼四十年。』在土耳其的大街小巷，到處是掛有「咖啡」招牌的店；阿拉伯人喝咖啡，喝得慢條斯理，它們甚至還有一套講究的咖啡道，就如同中國茶道一樣。在這裡，要成為一個好太太，必定要會煮好喝的土耳其咖啡呢。

夜晚的伊斯坦堡有種說不出的美，可蘭經的吟唱聲平靜你的心緒，夜生活的聲色喧囂挑動你的神經。高級昂貴稀有的名牌跑車，全都集中在這裡吧！熙來攘往的人群湧進一家家裝潢氣氛各異的酒吧、露天咖啡座，享受美食和現場 live music，公路的另一旁則是私人遊艇的碼頭，隔著博斯普魯斯海峽對望亞洲區，車影、船影和古典的軍事學校、清真寺的燈光映在浮動的海面上，不愧被譽為『文明的搖籃』。

我喜歡印度的神秘難解之謎，更喜歡土耳其的地形之美，古城遺址、遍野的石棺群，還有西北海岸的特洛伊遺址，人類歷史上最有名的城市，而木馬屠城記也成為家喻互曉的故事。

來到這裡，我左看右看，上看下看，木馬呢？那座千古傳說中雄偉的木馬呢？

無論從哪個角度俯視，都很「小兒科」。有幾百個理由，建議你去土耳其旅遊，除了「去特洛伊看木馬」。

前不見思古人之幽情，懷著千萬般的文學情緒；想想古時候君王可為了一個女人，發動一場戰爭，賠上千萬人命，更增添了歷史洪流的蒼涼。

在旅遊期間，適逢回教的齋戒月，自清晨四點半至五點後就停止飲食，並不允許抽煙或房事。直到傍晚的四點四十五分左右聽到從傳經塔傳來的禱文，教徒們才能完成一日的封齋。

其中的齋戒要點，是一項內心的功課，純屬一種自願，它能『靜心養性、摒卻疾病』，走在古老街頭處處可見保守覆面的人們，口中唸唸有辭的吟唱一些東西。

再虔誠一點的信徒，當從擴音器聽到刻板、嚴肅的頌經聲，便朝著麥加的方向跪拜祈禱，走在聖索菲亞大教堂，一個迷死人不償命的男人，在與我距離不到十公尺處，忽而轉身趴在地上，我怔了怔，這、這未免太扯了吧？這算是一種搭訕嗎？

思索了大半天，正想走上前去跟他說：「Not at all, please stand up」一旁的導遊拉著我，這是禱告的時間到了。

呵，我噗吃笑了出來，尷尬地仍得裝作若無其事的：「對啊。謝謝你。」導遊卻故意湊近玩笑地說：「阿拉都在看喔！」

噢，真是抱歉，初到貴寶地，就當外國人不懂事好了。

旅遊書上寫著：不到著名的「藍色清真寺」，就不算到過土耳其。亦是世界十大奇景之一，伊斯藍教徒朝聖的建築之美，叫人嘖嘖稱奇，藍色宏偉的清真寺，完全沒有使用一根釘子，是由大石頭一個個拼湊而成的奇特景觀。更稱奇的是土耳其位於地震帶，經過無數次地震，藍色清真寺卻不曾動搖。

來這裡不到一天，立刻可以體會當地人是史上最愛上鏡頭的民族！揮手、合拍、寄照片，處處有豔遇，時時有驚喜。

很多旅客來到土耳其都笑說自己變成了億萬富翁，匯率約為 1 美金等於 1,600,000 里拉，所以上個廁所 25 萬、門票 700 萬、吃個麥當勞 300 萬，經常被後面好幾個零搞的暈頭轉向，總覺得自己好像斥資撒了泡尿(結果 NT6 元)；午餐好像被坑(結果 NT 75 元)，似乎忽然間無法分辨什麼貴，什麼便宜？

沿著清真寺走進了大市集，約 5000 家以上的商店，可說是一望無際宛若迷宮，幾次像誤入叢林的小烏龜一樣，受驚嚇的程度不亞於新手上路，即使誤打誤撞找到出口，也不見得和本來進來的同一個門。

這裡不但是當地最著名的血拼型觀光勝地，還是中東地區首屈一指的最大市集呢。

有著名的手工藝品、金飾、銅器、香料、地毯……等，保留著土耳其的傳統色彩，市集裡幾乎見不到任何女性店員，幾乎都是帥哥向遊客兜售貨品，要向他們說不，倒是一門學問呢。也難怪許多來土耳其觀光的女子常是『慕其雄風』。

在這裡購物有個好處，即使你跟人家哈拉半天，還喝了一杯熱熱的蘋果茶，雖然依舊兩手空空的走出店門，絕對不會見到店員惡言相向或面露青光，多半還是會微笑的跟你再見，有的揮手揮的之熱烈，彷彿你是他失散的多年老友一樣。

結帳時，大開殺戒所買的紀念品共刷了二億六千八百萬里拉，數零數到我眼花撩亂，而這個天文數字可能是這輩子刷卡的最大金額了吧。不過當暴發户的感覺，還真是新鮮有趣呢。

穿越世界心臟的探險，不再只是遊客一般的流動過程，人物開始變成了主題。土耳其人民的生活，是一種親和與文化，伊斯蘭教的印象，也不是蠻橫無禮，而是一種震撼人心的虔誠。

土耳其境內約五千萬人口回教信徒，占了百分之九十九，幾乎成為全民信仰。

幾次與當地人的偶遇，導遊調侃著我們，乾脆多留幾天，先適應一陣子，因為要跟回教徒結婚，若不是回教徒的子民，則要喝七天的肥皂水淨身呢，把腸子洗淨後，才能結婚噢。

包括土耳其等中東國家至今仍存在「貞節牌坊」的觀念，女性如有行為不檢，無論真實與否，常有遭父兄殺害以維門風的可能，而當地仍然有東方社會一只茶壺配數只杯子的觀念，呵，男人在這裡，實在太幸福了。

翻起舊照片，下一次見面不知是什麼時候？心裏有點失落，有點悵然，告別土耳其，心裏的不捨竟比其他時候更要多些。

林語堂先生曾經說過：「一個真正的旅行家必是一位流浪者」。

我遊的不是地理山水，而是人文景觀，生命有終止的一天，旅行，讓我永遠有一個方向；行至水窮處，坐看雲起時，於喧囂的都會聲中，於異地領略平凡的況味，對於人世的歷練當更能有所體悟吧。

真希望自己像一顆飄浮的種子，在初夏的和風裏，再度相遇。

2004/12/02

《旅遊日記》土耳其浴

土耳其浴源自東羅馬帝國所留下來的羅馬浴，在當地酒店，全套的土耳其浴，英文叫Turkish Skin Peeling（中譯：剝你一層皮）

土耳其浴（哈瑪hamam）是每一位觀光客來土耳其都不可錯過的有趣體驗。由於力道的關係，按摩的服務生大多是男生。來到這裡，若不入境隨俗，難免會有「空入寶山，不拿寶物之憾」。

除去身上所有衣物，來到古典雅致的大理石浴場，只見許多僅在下半身圍著浴巾的半裸男人，正在幫女顧客刷洗身體；頓時，所有團員瞠目結舌，要在這裡讓陌生男人接觸自己的身體？想想還真不划算呢。

在幾位婆婆媽媽的討論下，鼓足了勇氣，默默含著淚水跳進4度C的水池，再進入烤箱中烤個十分鐘，接著躺在大理石上，石板熱烘烘的，每個人好像待宰的魚兒，在上面煎烤，還要記得不時的翻面，待毛細孔張開後，再一個一個的被叫去除角質、抹了一大堆的泡泡，開始認真地搓起身體，雖然有如女王般的享受，並有一到二位土耳其男人幫你洗澡，然而，那種感覺還是說不上來的怪異。

土哥一邊用力搓一邊嚷著「dirty，dirty...」好像我八百年未洗過澡似的，「啊！」毫無心理準備的我慘叫了幾聲：「pain，pain」用力的程度讓我懷疑他把幾十年來不滿的怨氣發洩在女人身上，只聽到隨口回應的土話「@#$%^&........」在我聽來好像是「你們這群死觀光客，老子今天絕對讓妳脫個十八層皮。」

當全身被刷得通紅，皮膚潔淨的程度宛如初生娘胎的嬰兒。神清氣爽、通體舒暢，最後再來個按摩，全套完成後便沐浴更衣，店家再請喝一杯熱熱的蘋果茶，煥然一新的感覺，好像重獲新生。

所以，「哈瑪」對土耳其人來說，是人生大事，要上清真寺祈禱前、男人入伍、結婚前，都得將身體清洗乾淨，而利用大理石傳熱的浴場，更是交誼、恢復疲勞的地方，所以在當地，人人都愛「哈瑪」。

這種花錢讓陌生男人吃豆腐的體驗，應該說是新鮮感大於它所帶給我們的舒服和暢快。

和三溫暖類似，很 relax 的享受，裡裡外外，徹底蒸發，彷彿能消除陳年老垢封藏的黏膩。這個老舊的娛樂享受，你心動了嗎？

2004/11/02

《旅遊日記》四川九寨溝

第一次來到中國，從機場往城區的路上，我並不覺得自己離開了台灣，當地也沒有想像中的落後，寬敞的街道及公設的綠化，令人刮目相看，初初踏入成都這座城市，一時覺得時空跨越，彷佛置身六、七〇年代，有點懷舊的復古。

當地有一句俚語：「男人來到四川成都，恨結婚太早」聽導遊說：其成都人，自幼因地型氣候及飲食的因素；所以有著一張白淨粉嫩的臉龐，從餐館的女侍、路邊的小販，甚至前來接機的導遊小紀，細細的眼眉，俊秀又白皙的小男生，不禁令我懷疑這兒真是天生麗質至此嗎？

在大陸旅遊最難忘的就是廁所囉，在那裡的廁所幾乎都是沒有門，而且廁所都是採蹲式，有的雖然有門，但就像幼稚園的廁所，門大概只有半個人高，你只要稍微傾身就看得到裡面的「全多露」……不管有門沒有，大家就直盯著你看，好像叫你快點滾出來……。

許多觀光勝地，購物、換錢、住宿時詐欺的手法層出不窮；而沿街行乞和強制推銷購物的商家，則讓旅客傷透了腦筋。

有一次天色還早，想和幾位朋友逛逛附近的市集，真是不問還好，一問就被眾多的三輪車夫一路追殺，纏了10多分鐘（還騙我們，沒車可以到達，一定要坐他們的車），所幸，靠著地圖和導遊的解圍，終於……走路不到十分鐘，熱鬧的街景就在飯店隔壁幾條街而已……真是太令人感動了。

在大陸旅遊還真是陷阱處處，千萬別露出你對這件東西有濃厚的興趣，常常不看沒事，一看就難以脱身；四川的確是個大省份，街大、樹大、脾氣也粉大，在這裡買東西如果不討價還價一番，是件很對不起自己的事，有一次遊覽車停在特約Shopping店，因為連續好幾個台灣團業績掛龜，方才美麗又有氣質的四川姑娘竟跳上我們的遊覽車，不顧形象的漫罵台灣人是龜兒子一個……=.=……挖哩咧。

俗話說「美不美家鄉水，親不親家鄉人」中國模糊的影像逐漸在我腦中清朗，驅車走過了幾座城市，沿途飛沙走石，不時出現驚險的迪斯可路段，遊覽車一路顛簸的破胎又拋錨，幾次在男團員下車的努力下，終於如願以償的在午夜十二點到達酒店。

天蒼蒼野茫茫、風吹草低見牛羊，每天過同樣的日子，用同樣的步調終老一生，對藏族的人們來說，他們似乎早已習以為常，看似遺世獨居，而其實無須透過歷史的交代，因為閱讀他們的瞳孔及房舍，便足以道盡這座山城裡的所有故事。

有人說，藏族是個蠻夷之邦，幾次，我把大部份時間消磨在這個群山巷弄之中，感受到的是，這裡少了城市的庸俗華麗，卻多了股人情味。某個下午，我還順應民情，穿起藏族女人的衣服，到寨主的家裡做客，喝著他們自製的青稞酒、享受著當地牦牛的美味，只可惜，剛買的數位相機遺留在飯店裡，而錯過了與這一家親切藏族人合影的機會，回想至此，真是遺憾萬千啊

事實上玩了好幾天，九寨溝的景色以變幻萬千著稱、雄偉的樂山大佛、聞名國際的川劇變臉、三星堆博物館珍藏著那些不可思議的古老傳奇，以及攀登海拔四千

多公尺隸屬世界文化遺產的「黃龍」，於我，此刻卻有說不出來的詞窮；彷彿無論你拿多麼長的尺來，總是測不完那種意境，長途的旅程雖然疲憊，成都的東南西北門還分不清楚，大概沒有人會像我，去記住那些絲毫不關緊要的小事。陌生小鎮上的領悟，一個很簡單的理由，觀察這種人文景觀的樂趣讓我深深著迷。

回想在海拔高原的異鄉城市，一群原本不認識的腳步，湊上了一起，我們在空氣稀薄的夜裡，經過迢迢千山萬水的跋涉，行路至此而落腳，生命好像久旱的莊稼被澆灌了一次又一次，數次擦肩而過的那種陌生卻又熟悉的緣份，在旅路中總會有許多複雜的情緒交疊著。

許多時候的出遊，往往是為了一償心願，丟下所有家當和情緒。累了，就休息；見到什麼，就停下腳步，即使遇見不愉快的，也會心一笑。人畢竟是有感情的，在異鄉走一圈會發現，最珍貴的還不就是情感和人性，我們以為看淡些就不那麼傷情，然而；懷念成就的鄉愁，在這趟旅途中，我拾到了另一幅人生的風景，珍惜那當下的美好，在無數國度出境入境，呼吸著歷史的脈絡，今天、明天或後天，無論群聚在生命的哪個轉角，懷著感恩的心，相信；每一次啓程，都能看到世界的美麗。

朋友！偶爾給自己休息的藉口，別管城市的喧嘩、人情的複雜，去吧！

想做就去做，人生才不會飲憾。

Trust me!! You can make it!!

2004/05/20

《旅遊日記》在流浪中學會感恩

當心情像天氣一樣窒悶的時候，就會想要去旅行。

是一種流浪的心情，將自己完全放逐，讓淨空的心靈，在異國的土地上自由的行走。

隨著旅行次數的增加，每每行前的準備，我會買些文具和糖果送給當地貧困的小孩，那種擦身而過無所冀求的友誼，常常在瞬間，我的心就這麼揪了起來。

喜歡在當地的市集中尋寶，喜歡其多樣的文化、宗教信仰、服裝、食物，都是吸引我成行的因素。

望著車外街邊，無數的貧民缺水、缺糧、頹垣破瓦，像是斷了訊號的留聲機；那些只能在電視螢光幕中，看到的模糊印象，映入眼簾的歷史人文與感動，一直是我旅行的人生目標。

常這樣想著，那些人們，可以這麼簡單的活著；而我們在幸福中，究竟又不滿什麼？就像黑夜裡交會的兩道光芒，內心谷底的疲憊與繁亂，在瞬間變得清澈。

感動的記憶可以像是重播影片一樣，就像「環遊世界八十天」裡的介紹，常常落腳之處的省份，已經是很貧窮又偏遠的省，然而往往那些遊民都是從更貧窮的省遷徙而來。我實在無法想像，這樣的環境還有比其更窮，那到底是怎樣的世界。

仰臥無窮蒼穹，感受和天地的親近，有種世紀末的淒絕美感；走訪生活指數很低的國度，我的財富突然變多了，心靈不再閉塞。

在不可預知的旅途中，我好像被迫長大、被迫去面對，懂得停止和過去的自己戰爭，也因此學會保持一種隨遇而安的態度。

地球終究是不會停止轉動，雲飄過，霧來了又散，生命的韌性，應該怎樣來衡量？

浮雲遊子，我彷彿凝望著一幅千百年的畫，不喜歡說「再見」，因為每一次再見，眼眶的濕熱，逆風走向機場，故作瀟灑的有點虛假。

每一張快要褪色的機票留在抽屜裡，已成了我記憶中，一幅又一幅美麗的照片。

2005/05/05

輯五　心情手札

給，不親愛的你

當電腦螢幕又跳出關心的問候，都已成了過期的訊息。

你有點想回頭，而我已忘了怎麼用我們熟悉的語言來交談，已經沒有任何感覺；我，什麼都不想要。

經歷了幾段挫折與低潮，恰似人生轉折，我已漸漸產生抗體，可以抵抗外來侵入的任何一種病菌。

我多情、念舊，卻又十足善變！是的，愛情，我再也玩不起「被選擇」的遊戲，不想再受傷，只能選擇讓自己最好過的方式。

我不曉得這樣好不好，像是一個比賽半途拋棄獎盃落跑的膽小選手。面對愛情不專的男人，不懂堅持、行動力不夠，我會先瀟灑的let go。

速食迷亂的年代，無法改變，只好學會活在當下。

你要一個怎樣的將來？可曾問過自己？有些時候，很多事情是不能一廂情願，即使傷害自己也討不到你要的糖吃。

日子充滿挫折，或是苦盡甘來？也或許迷糊的本性，讓自己恆常知命，我的悲傷，來得快，也去得快，短得令人不及眨眼。

對生命充滿矛盾，對生活充滿期許，對文字充滿熱情，所謂的靈感或是感動，只是發生在那短短幾秒鐘……而已。

2005/08/20

人生如戲

看多了北野武以死亡為描述的電影，職場上看多了生離死別的無奈，還以為自己真的可以把死亡看透。

殉職連長取精的新聞，在社會上沸沸揚揚了好多天，有人論情、有人講理、有人看法；而我則膚淺的認為「只要有希望，就不能放棄！」政府相關單位的法外開恩，也總算有了「比較圓滿」的結局。

我們都渴望像童話故事中，王子和公主從此過著幸福快樂的日子。然而「活著，只有一次」現實中，不管你甘不甘心，死亡總是最痛的一課。

想想921大地震，想想911恐怖攻擊，疼痛過後會帶我們回到客觀的現實，現實裡沒有童話。

過去會消逝，現在變化著，未來不可知；新聞會落幕，人們會遺忘，這些哀悼的情緒，也會在事件的療傷期後，雲淡風輕。

看了這麼多生命的無常與世事的變幻莫測，『珍惜』與『關懷』更是此刻，我們應當大聲疾呼的，每個人都是獨立自主的生命，小孩一出生就沒有了父親，誰有權力決定這一切。

向前走也需要勇氣，因為誰都不確定自己適不適合這樣走，也不知道前面的路會遇見什麼狀況？

愛情之所以令人如此掛心，就是因為它的重量，永遠無法拿捏清楚，面對親密愛人無法抗拒的死亡，欷噓令人咀嚼不盡。

在悲傷的情境裡，人的潛意識都會有自己一套規避壓力的方式，會不自覺得朝某個方向走去。

在心情混亂的狀態下，不如放過自己，讓自己的心先平靜下來，無論任何的決定，不在社會輿論，而是自己的心能否清楚的聽見自己的聲音。

走過千山萬水、歷經生命波折之後，再回頭看看，昨日夢已遠，現實太沉重，或許會發現其實在當時竟然做了一些「緩衝」的事情！

儘管很難，我知道我知道，我懂得，那樣的疼痛，那樣的心酸；「心」那種無所適從的感覺。

時光無情，但願我們都能有情相逢。

2005/09/13 新聞事件有感

千言萬語

從小就有著一種敏銳，還有對人直覺的準確性，清楚地知道什麼該說什麼不該，什麼能做什麼不能。

回頭撿拾一段段沈甸甸的往事，除了生死，世上哪有解決不了的難題？

為什麼有這麼多寂寞，卻又不甘心的人呢？緣份好像都是這樣，她愛他，他卻不愛妳。

想尋找一個人的心情，恰如可遇不可求的果，強摘不甜、強求不圓；有時候似乎失去越多越不再意失去，沒有什麼是唯一。

偶爾還是會想起某些生命中的風景，只是隨著時間飛逝，想念的次數漸減；曾經覺得非愛不可，如今，堅定的信念，常常被輕易穿透，無法預料的未來、不確定的情感，轉不轉身離去，都無關傷不傷心。

漸漸學會不再猜想明日、不再遺憾那些從指縫流洩而過的曾經。有些事情是永遠也不會明白，知道了又如何？

學會給自己一個微笑，不管遇上怎樣的人，往好處想：都該感謝他們幫助我們成長！每一個記號或每一次相遇都是線索。

雖然，這麼多年來，依然學不會積極追求幸福，且變得更隨緣宿命。

就且笑看人生的起落吧，這始終是個難懂的世界。

農曆二〇〇五年七月十八

我並不選擇愛你

Eric，和我，同業而認識多年，他的安靜聆聽、穩重與氣度，以及事業地位，該說是一百分男人。

幸福的首要條件，到底是什麼？這些年來，我走了好長好長的路，心好累。就像毛毛蟲在繭中奮力掙扎，對於陌生的事情或決定，總是叫人踟躕不前。

朋友關心著，我苦笑著，說什麼……也無法了解我心中的困惑。

關於愛情，我不太清楚未來是否會愛上這個男人，整個心底是空的。

長久以來，我和 Eric 就保持著這樣禮貌性的距離，不遠也不近；出差香港，從沒想過會在異地遇見任何人，而他意外出現在我住宿的酒店。小小感動，一下就被淹沒，我看見了矛盾的自己，如此旋風式的追求，讓我毫無招架之力。

也許脾氣太過溫和的男人，那些似乎不好懂又不好笑的笑話，令人提不起勁。

我想我暫時無法接受這樣的「感覺」；這樣恣意的呵護，我已經喪失那種心動的震撼，像是怯怯的小老鼠，想逃走，離開男人的視野卻又覺得失措。連我自己也不懂得的心情。

Eric提議陪我去非洲探險，我拼了命找理由婉拒。他其實不難看，開業醫師，36歲，中等身材，誠懇、老實，就是悶得令我起不了化學作用，聊什麼都不是很對味。

我感到心虛，其實自己的缺點也不少，併肩坐在維多利亞港看海景，左心房卻又想著另一個男人。

我在閃躲什麼呢？愛情總如烈日灼身，也許，只是一時被我迷惑，日子久了，就會明白我不是他所要找的那個人。

寂寞只是暫時性的，在窮其無聊狀況下而愛，終究還是會走到另一個抉擇點，沒有永遠，做不完的決定，也許日子看似幸福平靜，但底下的暗濤呢？在遇見「對」的感覺之前，我只能等待那個千載難逢的時刻到來。

Eric 上緊發條的神經，腦中無法自行運轉，要有人不斷地 Push，才會講幾句話，回答完了，又開始靜默……。

在香港那幾天，我試著溝通，想著能不能找到共同點，有一搭沒一搭的聊著。每當話題停了下來，像凝結的冷空氣；除了滿心恐慌不安之外，我們什麼話都沒有說，點了一道又一道的菜叫「沈默」。

本來以為，只要有人疼，就會忘了痛；卻被眼前的這塊木頭給打敗，很想給他一拳鐵沙掌。

飛機即將降落，Eric 愣愣地問著：「還有機會約妳出來嗎？」我淡淡回應：「最近很忙，沒時間。」

這幾天，Eric 不斷地傳著歇斯底里的簡訊「我們結婚好嗎？」

而我，似乎得了情境恐懼症，男女之間的單純美好，參雜了情慾之後讓我覺得害怕；浪漫的電影情節，瞬間轉成荒謬的肥皂劇。

愛情不是感動，不是你肯付出，誰或誰就得感動的以身相許，我不是德蕾莎修女。

關於生命中的坐標，天與地的距離，很難妥協下去。

也許，我已不懂得怎麼去把握幸福，甚或說，愛人的能力早在不知名的時空，漸漸流失，害怕自己不能忍受分離後的孤獨，害怕不再聽見關於風箏的去向。

人生有許多昏茫的角落，還是衷心的感謝，感謝這個男人對我所表現的一切。

喜歡這樣的距離，這樣的角度，除了情人之外，能不能，就且雲淡風清地閒話家常，永遠不說再見……。

2005/05/25

我的戀情就像這首歌

I Don't Believe It　是我放棄了你
只為了一個沒有理由的決定
以為這次我可以承受你離我而去
故意讓你傷心卻刺痛自己
一個人走在傍晚七點的台北 City
等著心痛就像黑夜一樣的來臨
I Hate Myself　又整夜追逐夢中的你
而明天只剩哭泣的心

……………………

如果說，每個人的心也是一座城市，我的這座城市正經歷著一場漫漫的寒冬。

偶然來到巷子的那家咖啡館，空氣中彌漫著被施了魔法的寂靜，望著窗外流逝變換的風景，低遠、深沈的旋律「認錯」，一種莫名強烈感染力的音符，拼湊成一個你、我當年分手的時間點；彷彿邂逅了一條被時間遺忘的街。

過往戀情，我曾自忖失去了我是你的損失，也相信在沒有你的明天，未來的日子會過得更好，更以為下一個緣份就一定能抓到幸福，而今我再回到這家普魯士藍的咖啡館，多少城市夢，已成了杯底的沈澱。

如同土耳其人用剩餘的殘渣預言故事總在最美的時刻停止。

多年來，沒有人了解我為什麼忽而沈默寡言，在這天氣晴朗的城市，好像全世界的雨，都在同一時間，下到這個小鎮；流浪的吉普賽女人，努力尋找著屬於生命中的純粹，傾盆大雨下，不禁懷疑能持續在心中燃燒的火焰是否存在？

我不再認為在這個城市之後，下一個城市一定會更好，也不再以為陽光就代表幸福，命運總是動了手腳，回顧每一次愛情裡的遲疑，不斷地挑剔著彷佛有更美好的在等待，也許當年只想證明曾經擁有什麼卻又不斷地失去。

是不是遺憾到最深，連哭泣的勇氣都沒有？像一隻受傷的青鳥掙扎，懷抱著內心深處的記憶，不斷等待、不斷地在乾枯的枝葉上尋找著上一次旅行的脈絡。一種不能圓滿所產生莫名的執著，然而；時間相對的陷阱，卻又始終擺脫不了既定的命運泥沼。

站在生命的杯底，穿越了整個城市，低頭看著腳下的身影，不同版本的愛情故事隨時發生，那段充滿希望的夏天已經遠去，一個人的孤獨、假裝堅持的潔癖，到底能撐多久？

你好嗎？有沒有一首歌會讓你想起我？也許在你心底我們早已沒有故事，至多，只是一起感嘆：一場愛情……

是啊，一場愛情。

……………………

怎麽樣才能讓我告訴你我不願意
教彼此都在孤獨裏忍住傷心
我又怎麼告訴你我還愛你
是我自己錯誤的決定

2004/06/18

別輕易的說愛

從來不覺得自己有資格，去當男人一輩子中最愛的那個人；視覺的城市，可能隨時刺激我的冒險味蕾。

什麼是海誓山盟？很多時候說不上來，更多時候說不出口；我能確認的，只有當下、現在。

愛到天荒地老，這些事情必須真要等船開到了橋頭，才知道它直不直。

許多時候，只有自己心裡明白，那種空洞的感覺，是很難填補的。

也許，這個人只是恰巧在你失戀的空檔，誤闖心房，也或許，種種的不合，不管對任何事情的看法已造成很深的距離。彼此不擅於拒絕，又不準備說謊；身體很近，心靈卻隔得很遠。

偶爾，週遭朋友也告訴你那不該是你的歸處、那不適合你的去向。卻互相縱容自己的依賴，不敢去想未來，只能自欺欺人的這樣下去。

重複的生活模式，沒有激情，所有的溫情都因太過呆板而顯得單調；即使不愛、即使泰半時候拒絕，還是會在寂寞、孤單到無以復加的時候，找這個人一吐為快；因為已經沒有什麼地方等著要去！

其實，說穿了，在這寂寞的夜裡，需要的只是足夠的體溫。

你的愛情呢？醒了嗎？還是持續地麻痺中。

2004/10/07

舊地重遊

有人說過舊地就不該重遊？悵然回顧，原來走馬看花的人生，有多少人、事、物淪為過客。

思及兩三年來的人生劇變，我們忙著長大，忙著打造夢想。擠在流動的人群中，真正的心情，總是隱匿在沒有說完的句子裡。

當年，信誓旦旦地彼此祝福：不放手，就永遠無法到達彼岸。繞過許許多多的彎路，路況也一直不是很好。而今，望著這片既熟悉又陌生的海，舊地重遊的心情，我仍泅游著。

屋子、車子、人和那些街上的流浪狗，變的有些陌生，感覺自己已不屬於這個城市。

歲月相隔千里、物轉星移；嗨！最近過得如何？我也沒法問了。只能這樣言不及義的說著有的沒有的感覺；你帶走你的愛情，卻沒帶走我想你的習慣。

2004/09/15

謝謝你，曾經愛過我

最近，總是想起生命中經過的風景。

莫名地愁悵，為自己來不及趕上父母那個純真的年代而嗟嘆不已。

現代的愛情很自私，一個轉身，我們可以同時擁有多個情人。

身邊的人來了又走，愛情得到又失去，每天有那麼多事情圍繞著，孤獨之餘我已學會享受愛情所帶來的情緒，不管是歡愉，還是悲傷。

也許身為台北人的我們，早已懂得妥協；失去了對愛的堅持，總在愛與不愛間，企圖去尋找在現實生活中得不到的東西。

我的人生，迷失在這撩亂的時代，常常，只是喜歡，並沒有愛的「感覺」，因為寂寞而談的戀愛，太緊密的關係讓我們彼此害怕，三心二意、心猿意馬。

在矛盾和現實中拉鋸，我不再相信永遠，那些沙漏般的匆匆過客啊，我真的不難過，只是遺憾罷了。

自己像是一座漂浮的孤島，世間的人忙忙碌碌，我在這裡俯瞰人間。

慢慢地，覺得好像一切不是想像中的那麼難，其實我很幸福；有些人根本連可以戀愛的對象也沒有，看著別人，忘了自己到底擁有什麼，忘了珍惜，忘了感恩。

我知道，從來，我就沒有寂寞過。

2005/08/10

賞味期限

當你和親密愛人走在一起，不再有話題的時候，是因為你們太熟？還是彼此已經變得陌生。

愛情是有賞味期限的！就像發酸結塊的牛奶，在經過那麼多的事情之後，無論你如何細心保溫，也還是有一些處理不掉的問題。

很多人總以為你們終有一天會合好，可是感覺是真的過了，以前是彼此的Soul mate，可未來再也不是了。該是屬於誰的錯？還是說不出錯的是誰？生活的軌跡，穩定中總有變數；只是把「相聚」與「相離」的時間縮短而已。

過去的記憶，總是那麼溫馨美好，遺憾的是，那種日子再也不會回來；一個很簡單的理由：我們都長大了；就像羅大佑所唱「光陰的故事」，一段日子之後，你再回頭看看曾經的那段戀情，會發現生命中還是有很多值得感謝的東西。

感謝曾有那麼一刻，他是世界上最了解妳的人。分手不是誰的錯，只是湊巧緣分到了，於是必須散了，不情願也都放下了。

也許，人生總有那麼一段路，需要一個人踽踽而行，才能明白其中況味。

想起《霸王別姬》的片尾詞

「有一天你會知道，人生沒有我並不會不同……」

2004/08/16

童年的電影院

記憶裡和中山堂連結的日子是父親工作的歲月；每個人都有一個難忘的朋友，叫「童年」，而你呢？

總固執地認為，紅塵裡有那麼一個人，就像老屋門前的一棵樹，他依戀我守護著我，在孩子稍縱即逝的成長歲月裡，用他深厚和樸素的愛，珍藏生命的那些歡喜和憂傷。是的，是有那麼一個人和這麼一個地方。

在一切都還懵懂的時候，特別是在電視頻道還不多元的年代，連心情都很貧困，我簡直是許多同學的偶像。遇到不想上的課就相約在中山堂門口見；躡手躡腳地溜過福利社的櫃檯，卻總被眼尖的舅舅給發現，一直相信他是個魔法師，不論你經過店門口時如何努力的正視前方，這些糖果也會在透明罐子裡向你慷慨招手。

人們常說同寢室的感情特別好，果真如此；連翹課去看電影也是一起的。在這裡我看過不少戲碼，至於劇情在講述什麼，早已忘得一乾二淨，有時純為約會地點的指標，大部分時候是趕赴一場場電影的盛宴。常常觀賞到一半，就被父親的同事通風報信而捉回去寫功課。

那個年代，媽媽帶著孩子，爺爺拉個孫子，中山堂在每個小孩的童年裡流轉著，彷彿無法在雜貨店買到的東西，可以在這裡一樣又一樣堆砌起我們的歡愉。

回想當時年少輕狂的自己以及那群伴我成長的好友，就像聽到一首很有感覺的歌曲，幾個觸動心弦的文字，牽動著心底的渴望。

是隱藏在年少青春歲月裡排解不掉的寂寞？還是另外一個事物的替代影子？那一段段友好的感情，年復一年，漸漸不再有她們的消息；想再不期而遇的心情，數次落空。抬頭，月亮似乎更圓了一些。也慢慢明白，刻意的尋求是找不到任何東西的。畢竟世事多變，誰說的定、抓的準？

春天去了又來，星星睡了又醒，有多少相遇離別重複地上演？好熟悉的場景！

一部部感人的電影，在這飛翔著思念的城市，你在追尋什麼嗎？青澀時期的某個路口，自從我們在這裡分開就沒有再見過面。

收音機裡播放著張秀卿所唱的〈車站〉：「火車已經到車站，阮的心頭漸漸重……車窗內心愛的人，只有期待夜夜夢。」彷佛一種很電影式的想像，想像著每個季節裏的日子是一首歌，一首值得我們吟唱一生的歌。當歌聲響起的時候，這個季節裏的故事如同電影，一幕幕地出現在我們的眼前。

偶爾路過中山堂附近的商圈，驚訝地發現原來台北到板橋的鐵路已經完全地下化。有一種時空混淆的錯覺，也有著翻閱舊照片的微涼，熙來攘往的人群冰凍成都市慣有的冷漠，我竟然有些疲乏，這種疲乏很難解釋，就像消失的青春時代，如一葉浮萍，你我漂泊了很久很久，彷佛在電影裏，所有的傷痛都被淡化，所有的故事都已經成為過去。

父親已在多年前自中山堂退休，更長大了一點，隨著經濟的改善也很少再前往看戲，所有的一景一物已成為心中的風景，就像我們所知道的「沒有任何人是能陪妳走一輩子的……。」

那段屬於童年的列車歲月，終究永不停息；陳舊的過往，在時間風化下，我從窗外看著奔馳而過的景色，彷彿看見父親一去不回的青春歲月。

人的一生中，或許總要上演幾次這樣的擦肩而過；當我們相遇時，是否彼此都能想起記憶中的曾經？不論妳或是你現在是怎樣的年紀，是否正通過這些紙上的影像，一些記憶讓你突破歲月的薄霧，所有的過去都乍然湧現，內心也不自主的澎湃起來呢？

鴿群飛過寂寞的長空，經過了若干年，當我依然不停唱著〈Yesterday once more〉夥伴們的身影彷彿歷歷在目，就像心靈脫序的歡愉，在等候著生命的唱盤，再度轉到那年相似的頻道，然後按下play，一幕幕不停的播放……。

2004/07/02

蛻變

我的父母，一生勤勞、節儉、樂觀，到老不改；愛與責任成為一種生命狀態和信仰。

如果把兒時比喻為記憶裡那一場永不謝幕的黑白電影。那麼我偏愛這樣的單純、簡單和快樂。

面對流離失所困窘的童年生活，母親曾在餐館裡做過雜工、幫佣和洗衣……用女人的青春、眼淚和汗水，毫無怨言地打理著我們兄妹的一切、飯盒、必備的書籍，還有零用錢；也總是告誡著：我們普通人啊，經歷過磨難的人，才知道幸福是什麼顏色的。

童年時光，轉眼經年，母親的人格魅力一直使我回味！烙記在靈魂深處……。

今晚，母親難捨難分的送我去車站，雖然距離也不過一小時的車程，這是我第一次真切感受到母愛的力量，她把我送到離開她的最後一刻，火車緩緩開動，但月台上的母親依然不捨的離去，緊緊抿著嘴唇看著我什麼也不說，什麼也說不出口。

古人說：家書抵萬金，每每在我離去的行囊裡，總是承載了沉甸甸的愛和思念。

這些日子很頹廢，也很低落，酗咖啡也狂飆寂寞，而今晚一路想著您對我說的話：悲傷了，累了，妳還不是有家嗎？要振作起來，振作啊！想想小時候，母親給妳講的麻雀是怎麼飛的事？妳就不會迷失自己了……我知道我的女兒很堅強不是嗎？

在陌生的城市，難免有想家的愁悵和期盼的團圓；那一聲聲叮囑，那一份份牽腸掛肚的惦念，今晚只想堅定地對母親說：小時候您就告訴過我，做勇敢的人，勇敢的生活是不？我會博空振翅的！您放心吧，雖是一個人的生活，我能處理好自己的一切。

有人說，母親是高遠的天空，孩子是天空下的小鳥；一聲問候，一葉短箋；對生活，我們有多少期待？對父母，又有多少關愛？你手中可有返鄉的車票？又多久沒有拿起電話了呢？

2004/07/11

記憶的餘溫

有人說，水上人家是生活在兩個天空，這話說得多麼的愜意，打從我懂事起，彷彿就在搖盪不定的船上漂泊生活。

小時候我的身體一直不是很好，常常嚴重到還得住院，那時候的父母，既要工廠又得趕回家做飯，同時還得去看望生病住院的我。常常是圍著工作、家裏、醫院這三個地方轉啊轉。

能想像的到當時生活拮据潦倒的雙親承受怎樣的壓力？老天也總是喜歡與我們一家人開玩笑。當時的父親是痛苦？是絕望？還是有更多的感傷呢？

隨著時間的流逝，我從當年那個體弱多病的小女孩終於長大了。「好好讀書，為家爭氣」我們兄妹的心願在這一天都實現了，當爬上山頂，微風迎面吹來的時候，那種感覺就像飛一樣。

茫茫人海中我並非是不幸的，打開了那個往事的盒子；一份回憶、一份心酸；就像昨天母親的生日，某一種場景或一件事物偶然觸動了遊子的心弦。

不了解人間為什麼有那麼多的聚散離合，也不知道人們為什麼要製造那麼多的離合，也許，風箏只有在落地時才能參透人生。

2004/07/13

牽手一世情

父親有著彌勒佛般福泰慈祥、眼睛瞇成一條線的笑臉。媒妁之言的不離不棄，四十年的相愛讓人動容。

母親的日子瑣碎單調，生兒育女，沒什麼非凡表現。但；她從不服輸，也不怨苦。

是不是人生的因緣際會，靠近什麼樣的窗，就擁有什麼樣的風景，選擇什麼風景，就過著怎樣的人生？

這陣子母親因病住院開刀，即使已聘請了看護，父親仍是天一亮風雨無阻地，搭著公車、火車、捷運，輾轉的來到醫院為母親翻身、按摩、擦澡……。

銀髮夫妻老來伴，那背後「愛」的偉大；這中間需要多少用心的經營，經過多少的捨己、信任、忍耐與盼望。

不善言詞的父親，在烈日下奔走，汗水一滴滴斗大的從額頭上滴下來，體貼到從不在眾人面前表露自己真實的疲累；每天在母親耳邊靦腆細語：『等妳能正常走路，我要牽著妳的手，去補拍當年沒拍婚紗的遺憾』。

為人子女的我，在無常的人世裡，看見恆常的愛情與不滅的真心。

親愛的媽媽，妳別慌，復健會好的；就算不會好，我們姐妹們，也一定會好好照顧妳。

2005/08/09

輯六　存在與虛無

寂寞的人請舉手

你知道的，夏天是個令人懶洋洋，提不起半點勁的季節，寂寞就像從生命中抽出的一根根細絲，抽也抽不盡，對醒著的人來說，夜似乎特別漫長。

一個人的日子已經平淡的搾不出什麼滋味，無所謂癡迷，更無所謂瘋狂，有的倒是清醒；住在高樓的我，猶似站在岸上，望著一條淤積的河流，內心充滿了焦慮與困惑。

台北的夜晚有它不可言喻的美，然而，我感到一種前所未有的悲哀，莫明其妙地有著出去痛哭一場的衝動。

生活中總有太多不確定的因子，不確定的未來、不確定的矛盾、不確定的自己，混著不確定的心情，我總算明白了寂寞是什麼。

青春似乎是從這些暗巷溜走的，任憑我一個人在夜裡遊盪，也任著你一個人在網路裡尋覓；燈火稀微的魚港，淡水小鎮在無邊的眠夢深處，醒的只有痴情的世間男女。

有些事情從來沒有過去，有些氣味揮之不去，坐在這樣的夜裡，使我想起平日對人的觀察，忙忙碌碌的你、我不斷地擦肩遊走，總是在擺蕩，總是在渴盼一種加速度，有些角落讓人遺忘、也有些永遠坐在角落的人，是多麼的希望能夠被發現與了解。

看那些流離失所的雲，預感著什麼？說不清道不明，忽然感到異樣的孤獨；在這如過客般匆忙的城市中。

黑夜，原是一條沒有盡頭的路啊！彷彿置身於死蔭的幽谷，每天聽著自己微弱的心跳，任由自己向深海沈沒，搜尋那顆墜落的流星。

如果你是一朵寂寞的雲彩，看見我的孤單了嗎？

總在眩目的天空中尋找飛鳥掠過的痕跡，在期盼你消息的同時，卻又讓我從心底湧出一種罪惡感；細細的寂寞開始在胸口蔓延，我開始迅速挖掘記憶，搜索著陌生男人的影子；渴望遇到童話中的白馬王子，一個很遙遠很遙遠的夢想，遙遠的就像在藍圖上設計一棟夢想中的房子，就這樣懷抱著浪漫的愛情美夢。

這些年，身邊的人始終不斷的流轉著，只是不知道自己在尋找什麼又擔心什麼？心裏面誰都在乎誰，可表面上又裝著誰都不在乎誰，到最後誰也不相信誰；但遮不住的欲望在每個人的夜裡燃燒！

緣份像錯綜根莖的樹木，我們站在陰錯陽差的荒原裏彼此對望，卻無言以對。愛情表面上很美麗，可是內在總潛藏無法盡數的不確定與看不見的危機。

其實，很多人生道理早已經想得很明白，就如收音機裡傳來的音符：『紅紅青春，敲呀敲……』是啊，生命的過程，畢竟會出現很多選擇；大喜大悲是人生的一種境界，歲月使我們蒼老，紅紅的青春也在寒冬酷暑中變得堅硬如石。

不斷地從平日的忙碌和迷失中，找到自己的生活；城市的萬家燈火，江邊的零星漁火；他們的酸澀，他們的幸福終究與我無關。一直恪守著屬於自己的那份矜持，用了很多的時間去想你。卻從不去尋你！

寂寞，似乎已成為我的生活慣性，甚至是文字創作前的某種預習；已經習慣在這樣的時刻，以抒寫的方式結束一天。

我躲在夜的盡頭，看著每一個人在網路中來去，發現這條街的車流原來也如此擁擠，一種無形的悲涼在胸間上下搖晃；更深的深處，藏著一顆顆熾熱跳動的心，你是不是也感覺自己在平淡的幸福中，極欲飛了出去……。

寂寞的人請舉手。

2003/06/28

寫給，未來親愛的你

Dear

生活中總是不斷重覆著某樣東西，時間很快就過去。

走了太久，選擇太多，決定了太遲；如果如果，有一天我們相遇，別讓我的眼，只能守望你瞳底蕩漾的藍光。

兩顆心的距離，有多遙遠？也許這一錯過，就要孤身上路。

我親愛的朋友，請保持我們年少時候的自信，海水正藍，在生命的盛夏中，就這樣勇敢地相愛。

現在，很想見你，一個總是在逃亡中的徬徨女子。

我未經思索啊，勇敢地尋找一個發亮的地方，人生中最美麗的莫過於千萬種可能。

嗨，你也在找我嗎？只要你回頭，就會看見了我；當下看見兩顆寂寞的心最美麗的邂逅；迷戀著你，從清晨到深更……。

多年而後，笑會今生紅顏不老，依稀彷彿，從此不再從回憶中追悔。

相愛，哪怕只有一天也好！My promise，it is all for you。

故事，隨時都在發生，儘管漸漸地我們失去彼此的蹤跡……。

2005/06/20

曖昧

站在愛情的池邊，有些感覺，會一再的出現；因為對我好的人很多、感覺好的不止一個、感覺好又可以在一起的也不止一個。

生存策略，在尚未《對焦確認》之前，每個人成了彼此的假想愛，假想成那個可以來愛的人。

手機裡總有一群朋友可以聯絡，在一切曚曨之前，我們都在期待，因為未來的事誰能夠預料。

有些心，長了翅膀，總是想飛，為得不到的愛感到遺憾，愛太黏膩，又想要好好休息；然後跟你說抱歉、祝你幸福。

這麼多年來，有盲點的不是眼睛而是心，總是錯過了所愛的人，在身邊的，永遠看不見。

太多的感覺遮蔽更多的感覺，談情如打獵的時代，有許多因素並不在我們的手裡，當千言萬語變成不言不語，真的要學會看開。

遇見喜歡的人，總不善表達心裡最底層的感情，「感覺」常常無疾而終，就像夜空裏的每一顆星星都很寂寞，愛情裡常迷失自己，想付出，又擔心沒有回饋。

其實你也是，只是不願承認。

2005/04/29

當愛情失了溫

「幸福」最重要的是，遇到一個他想跟妳在一起的人。

網路世界裡，我有著封閉自我的個性，「朋友」也不再是現實生活中所想像的單純。人與人之間的距離感覺如此的近，卻又是如此的遙遠。

這裡的臉孔來來去去，有時候我還來不及記清楚你們的樣貌，你們便已迫不及待地退出我的記憶。

在尋找著一顆大樹，永遠只讓我一個人依靠；然而，這裡的愛情，卻會讓我懷疑它的真實性，或者存在的永久性？

愛情太易逝，承諾太薄弱，快樂太難以把握。

戀愛裡我常常受傷，受的傷並且不輕，偶爾會有陰影。然而；我也要感謝歷任男友，謝謝你們每個人跟我分手之後，都送我一個最棒的禮物「成長」。

就像歷經了沙漠、大海、叢林與都市，外在的、內在的強烈起伏；這幾年的我變得開朗、豁達，就像打了一劑的抗體，愛情的傷風難免，但；很快就能痊癒。

我討厭寄生在男人的寂寞裡，發覺不對的時候，會先拂袖而去。也不會為一件事情難過很久，或情緒過不去很久的人。

很多朋友為情所困，同樣的劇情不斷上演；她愛他、他不愛妳，當妳希望他忠心對妳時，他卻不一定也會對妳忠心？

每個人都有一個故事，你有你的故事，而我也有我的故事；「自欺欺人」的情殤，我看在眼中，有一種心疼的感覺，一種戚戚焉的感覺……。

在網路都會情愛關係裡，一則真情告白，真的就能換取感情的結果嗎？情願坐上鐵達尼號，明知會撞上冰山，也要陷入這場不悔之戀。

「愛情裡沒有誰對誰錯」這句話雖是老生常談，然而卻始終是句經典！曲終人散，也許是一個過程，也許，命運早有安排。這裡的相遇，就像電影「心動」裡的某個時刻而已。

有時候，放過自己吧！一直執著於回憶，沉溺於自己編織的世界，是無法接受下一段幸福的。

「怎樣的思想，就有怎樣的生活。」愛默生

2004/11/21

界線

有許多朋友誇讚我寫的文章，不管是不是真的，我都很開心，也謝謝你們！不過，我一點也不佩服自己，經歷了童年太多的挫折和磨難，從我角度看出去的世界，天生就是一個擅長表現憂傷的孩子，就像有人說過「面對一枝玫瑰，有人看到的是玫瑰，有人看到的是刺」而我看到的就是刺。

網路裡，我看到男人與女人之間的情感迅速的發酵，省略了醞釀、琢磨的過程。對安份的我來說，就像便利商店的泡沫紅茶，總感覺缺少了那搖晃的手續。

對於不曾有過交集的靈魂，彼此究竟能了解多少？不要輕易地寫下愛我的訊息；萍水相逢的緣份，我不要速食愛情，沒有那個經歷，也輸不起。

人的情感是難以琢磨的，往往會在最奇怪的時候，忽然遇到一個不是你軌道上的人，在某個話題很談得來的瞬間，和一個最意想不到的人成為朋友。

雖然愛情萬歲，我仍堅持如此的步調；期許著一個不先動情而能談心的朋友，就像維他命的支撐。

我很龜毛是不？總要把別人放在冰冷手術台上，解剖分析……。

2004/07/14

我所望見的風景

網路，就像一口潮濕的海水，有些人夢著，有些人清醒。就在這樣的夜裡，我發現，絕大部分的人，徘徊在岸邊，無望地等待，看著時間過去，什麼也沒發生。

每個人的夢想不同，追求的方式也不同，神經超大條的我，偶爾無厘頭，卻不夠勇敢。

也許是我的另類，舒服自在、雲淡風輕，一直是我的懶人哲學。

想找個可以真實擁抱的體溫，卻又冷眼旁觀；以為不會輕易動情，卻又對陌生的隻字片語，存著微妙的心動與感覺。

不經意追逐著彼此的腳步，咫尺天涯，感覺很近，卻又摸不到彼此。

生活有時像補不完的破網，拉起一端另一端又被鉤了缺口，我的人生停不下來，只能一直走一直走。

就像一場沒有歸期的流浪。是不是，終有一天，我們會突然驚醒發現，連開啓網頁，尋找伴侶的激情都已蕩然無存。

You touched my heart, Thank you!

聚散無常的人生，我會永遠珍藏在心，至少，我知道在世界的角落，曾有這麼一個人，默默的關心著我，想念著我，就夠了。

2005/04/15

昨日夢已遠

曾經以爲生命還很漫長，就在我轉眼的瞬間，一次又一次的經歷，變成一季又一季的風景，才發現我們彼此已經沈默了好久。

慢慢的，我還是悄悄的離開了你，在最後一次網路中，我選擇了把你刪除，我明白，這一生我們就此別過。

不記得是怎樣的開始怎樣的結束，你在距我彈指千里的另一座城市。距離的遙遠，更增加了一份美麗，曾經沈浸在想像的幸福之中。

紐約，這個我思念不已的城市，曾經給它起了一個很美的名字「愛之旅」。我們的相識就像戲裡老套的片段，茫茫網海中也能走在一起，只因是緣分。

所有的感覺都是那樣的錐心刺骨！儘管如此，是旅途總有終點，就如沒有不散的宴席，總要結束的；你已經走了，太遠，太遠。也許是怕了，像許多故事一樣，沒有能力去把握這份奢侈的感情；也終於明白不是所有的愛情都能在一起的。

過去一年多，我們各自經歷著人生的磨練，不變的也許是彼此間曾有的相知相惜，站在生命的上游向下回溯，那一切仍如夢如幻如鏡花水月般不真，什麼也不曾發生啊。

縱然百折千回，在五百多個日子裡，你已抽空了我的世界，曾經那樣毫無眷戀地離去，一句話都沒有，甚至連一句能讓我回憶的聲音都不留。

你離去的剎那，我又還原成一個孤單的女子，努力讓自己更加忙碌，想不起來你究竟有伴我多久。當初也應該是信誓旦旦地許諾過要陪我一生一世的吧。

而今天，當你又重新出現在我的面前，為什麼感覺竟是如此陌生？

在你盛滿期待的 E-Mail 裏，我唯一的只能掙扎著告訴你關於我的故事，只想對自己說：「經過風風浪浪，累了！」我已疲倦得不想再聽下去，相信與不相信又有什麼關係？

說什麼都晚了，你終究還是結了婚又選擇自由，沒有必要再深究你的表情和揣測你的心思，愛情的發生起落，如同生命週期；你的黑夜與我的白天就像舞臺上垂下來的簾幔。

曾經，一顆心在風雨中飄來飄去，莫非輪迴中早已注定？此刻的我，心是平靜的，所謂真愛難求，原諒我，原諒那段狂亂的日子裏，我在另一個陌生的城市中和現在的這個男人相遇，漸漸地已有了依戀。

佛有言：前世五百次的回眸，才換得今生的擦肩而過。來是偶然，走是必然，在這匆匆的來去間；記得嗎？我們曾經說好的，在一起時扮演一對戀人，久別後也仍是最好的朋友。

請相信，每首詩裏都有一個動人的故事，每首詞裏都有一份熾烈的情感，也許在很久很久以後，我們的人生都會拐向另一條航道，風會靜些，浪會小些。

在這繚亂的城市，寂寞不是背叛愛的理由，好好的生活吧！也許從此，我們不再相見，不再聯絡；儘管燈火闌珊處幽怨深深，我依然在世界每個角落為你祝福！

2003/06/25 台北．凌晨